창밖을 보다가

오름시인선 · 30

창밖을 보다가

펴낸날 _ 2016년 7월 20일
지은이 _ 최송석
펴낸곳 _ 기획출판 오름
등록번호 _ 동구·제364-1999-000006호
등록일자 _ 1999년 2월 25일
주소 _ 대전광역시 동구 대전로 815번길 125 2층 (삼성동)
전화 _ 042.637.1486
팩스 _ 042.637.1288
E-mail _ orumplus@hanmail.net

ISBN _ 978-89-90151-23-0

값 8,000원

오름시인선 · 30

창밖을 보다가

최송석

自序

「시란 무엇이며, 왜 쓰는가」는 오래전 화두였다.
시를 사랑해 온 것도 오래다.
살아온 세월도 제법 길다고 느껴지는데 가끔은
시를 지어 세상에 내어 놓았지만
독자와는 언제나 짝사랑이 되고 만 것 같다.

제5시집을 엮게 되었다.
너무 게으르고 늦은 감은 있으나 요즘 세상에
빛나는 시가 있은들, 독자가 흔치않은 세태를
생각하면 공연한 일을 하고 있는지도 모른다.

하지만 어쩌랴.
이미 이렇게 들어선 길이고, 그 길을 지내왔으니
이제는 독백이 되더라도 어쩔 수 없다.
다만 「시란 무엇이며 왜 쓰는가」를 다시. 새로운
화두로 삼고자 한다.

2016년 여름 뜨거운 햇살 내리는 날

최송석

차례

제1부
창밖을 보다가

제2부

오류동 연가

제3부

잠행

제4부

묵언

제5부

수평선 바라보며

제1부

창밖을 보다가

봄비

품속에 어리는 안개
봄비는 어머니 손길이다.

움 터 생명이 된 것들의
기다림 위에
조용히 손 내미는 사랑이다.

오랜 시간 내밀한 곳에
외롭게 숨어있던 언어가
봄비 맞으며 밖으로 나와
침묵했던 시간을 증거한다.
사방이 수런대기 시작한다.

봄비 내린 뒤
땅에는 천개. 만개
푸른 생명이 모두 부활하고 있다.

복수초

뼈 속에 박힌
얼음을 삭히며 사랑을 품었다.

무슨 생각을 하며
눈 덮인 어둠을 뚫고 나왔는지
혼자만 안다.

아린 시간 견디며
파란 하늘을 만나던 날
사랑의 증거는 이미 그곳에 피어있었다.

생명이란 흉내 낼 수 없는 것
복수초 노랗게 열린 가슴에
주름진 얼굴을 묻고
어찌 살았는지 흐느끼고 싶다.

까치밥

시린 하늘 가지 끝에 사랑이 매달려 있습니다.
어느 새가 날라와 앉을지는 알 수 없어도
상관하지 않고 남겨 놓을 것만 약속처럼
걸어 놓았습니다.

언젠가는 허기진 새 날라와 등불같이 걸어둔
먹이를 쪼아대며 행복해할 것입니다.
나뭇가지에 매달린 홍시는 새들의 것 아니라.
사람의 행복입니다.

창밖을 보다가

창밖을 내다보며
하루를 내려놓는다.
햇살이 짧아졌다.

잠도 짧아지고
걷는 길도 짧아지고
생각도 짧아졌다.

길게 남은 것은 지난 세월뿐인데
내세울게 없다
자리를 뜬 뒤라도
후회할 일이 얼마나 남을지
짐작할 수 없다.

창밖엔 해 그늘이 짙어간다.
무심코 서성인다.

둑길

둑길은 언제나 한가롭다.
하찮은 일이 가슴을 파고들 때
둑길을 걸으면
바람 한자락에 손을 흔드는
풀꽃의 위로를 받는다.

들길에는 궁핍했던 시대
사람과 함께 살아온
쑥, 냉이, 씀바귀 같은 토종 나물의 정겨움과
떨칠 수 없는 향수가 함께 살아있다.

때로 꺾인 풀꽃 하나에도
지나치지 못 하고 마음이 쓰이는 것은
그 푸른 생명이 우리와 함께 살아온 탓이다.

둑길에는 수많은 생명들이
사람과 함께 걸어간다.
그들은 설령 사라질 계절을 만나더라도
멸하지 않는 영혼을 뿌리에 두고 있다.

봄날은 가고

언젠가는 다시
눈물 나게 그리울 계절
혼자서 잃어버리고

꽃이 피는지
꽃이 지는지
마음 둘 겨를도 없이
봄날은 가 버렸다.

면벽面壁 하거나
자리에 누워 보내는 시간이
얼마나 모질고 질긴지
육신의 통증은 정신까지 아프다.
인생은 결국 생로병사다.

55병동

차단된 시간 위에 놓인 불꽃
간이역 같은 병동은
거치지 않아도 아쉬울 것 없는 곳인데
세월이 번번이 육신을 끌고 들어와
속속들이 수색을 한다.

모진 것들이 속을 파고드는 통증 속에
존립의 전쟁은 소리 없이 진행되고 있지만
상황을 어찌할 것인가는 거의 자율이 아니다.

긴 수면의 끝자락에 매달린 거미줄 하나
끈을 타고 떨어지는 물방울의 무게와
간드러진 들꽃의 흔들림으로
흐느적거리는 지느러미.

안으로 질긴 끈 하나 있어
일어나 마주 보는 시간
창밖엔 도시의 소음이 달려가고
초록의 계절 햇살이 따가웁다.

그리움

실어증보다 더 답답한
병에 걸렸습니다
울고 싶을 때 그러지도 못하는
지독한 병입니다.

약물로 지워지지 않는
생채기 같은 흔적들이
자꾸 가슴에 쌓입니다.

하늘에 걸린 낮달처럼
잡을 수가 없습니다
작은 풀꽃에 매달린
애잔한 흔들림입니다.

어찌할까요
속으로 무너지는 층계가 생깁니다
그중에 여러 가지 것들이
함께 명멸하면서
알 수 없는 그림자만 떠 있습니다.

꽃샘추위

꽃잎 터지는 아픔
그 위를 긋고 가는 상처
조금은 잔인하다

하지만 서 있어야 한다
착각의 계절을 어쩌랴

바람은 눈발을 날리다가
머리 위에 햇살 한 줌 얹어놓고
지나가 버린다

몸으로 파고드는 추위
하늘은 곧 세상을 연둣빛으로 돌려놓을 것이다

석류 石榴

눈을 뜨고 난 다음
뜨거운 햇살 안으로 다스리며
기다려온 시간

하늘의 별 같은 얘기
가슴에 박히면서
바람도 박히고
햇살도 박히고

주체할 수 없는 사랑을
속으로 품다가
가을이 빨갛게 여무는 날
숨은 얘기 터뜨리며
해맑은 웃음을 웃고 있다.

분꽃

소낙비 지난 뒤
처마 끝에 매달린 물방울이
영롱하게 빛나고 있었다.

울 밑에 분꽃이 피고
단발머리 누나가
꽃과 마주 앉아 있을 때
어머니는 가마솥에
보리밥을 안쳤다.

저녁이면 바깥마당에 멍석을 깔고 모깃불을
피우면서 어른들은 밤이 이슥도록 춘향전, 장화홍련전을
영화처럼 구술하였고, 애들은 달걀귀신
몽당귀신 얘기로 할머니 무릎을 파고들 때.

멀리 들판 끝에서 도깨비불이 치솟았다.

노란 무덤

빛살 가득 품다 터저버린
노란 침묵의 파도
잎들의 찬란한 추억이
발목을 잡고 길을 막는다.

진공상태의 현란한 세상
계절의 존재위에 초점이 되어
그대로 돌아설 수 없는
꿈을 묻고 서 있는 그림자.

나무는 그림이 되어 서 있고
발밑을 기어오르는 전율 같은 것
함께 쌓인 노란 무덤 위에
두 팔 벌리고 죽음같이 누워
빙빙 돌아가는 하늘을 만난다.

저물녘

푸른 산이 조용히 엎드린다.
바람이 잔잔하다.

야트막한 하늘로
새 한 마리 바쁘게 날아간다.
벌레들이 풀잎을 도르르 말아
그 속으로 들어간다.

하루가 접히는 갈피 속으로
귀로의 발걸음도 바쁘다.

기다림

불확정 시대의 기다림

응급실의 혼돈과
중환자실의 유리벽
차안此岸의 세계는
가까우면서 아득한 기다림이다.

항상 위태로운 세상
때론 절실한 기다림이
허망하게 꺼질 때
삶의 무게는 감당하기 어렵다.

기다림은 언제나 초조하다.
서성이는 시간의 마디마다
어른거리는 그림자

누구나 아픈 흔적은 쉽게 지워지지 않는다.
기다림이 기다림으로 끝나고 말면
가슴엔 또 하나
축축한 언어가 매달린다.

땅벌레

보도블록 길 위에 쌓인 눈이
햇살을 받아 녹기 시작했다.
그 틈새에 땅벌레가 기어 나오더니
내 앞길을 기어간다.

추운 날씨 가다 멈추고
기어가다 멈추고
이놈의 외출이 착각일지 선견일지
돌돌 말린 시선이 이놈의 동선에
묶이고 만다.

무슨 인연인지 알 수 없는 날
햇살은 구름에 가려 꺼졌다 일어나고
꺼졌다 일어나고
아직 봄이 오기 이른 날
추운 발걸음 길 위에 멈춰 서 있다.

달집태우기

하늘에 뜬 둥근달
그 달 속에 탯줄 하나 걸어놓고
뜨거운 심장 속으로 사람들이 들어간다.

탁탁 튀는 불꽃
가슴에 박힌 못이라도 튕겨 나오는지
죽음같이 가슴 저린 시퍼런 설움
쇳물처럼 녹아 흐르는 건지
훨훨 하늘로 달집 태우는 날
소망하나 빌어보는 환한 달빛

세상사 누구인들
아픈 상처 하나쯤 없을까
액운이야 불길에 태우고
소망이야 달 속에 묻었으니
소멸하지 않는 불꽃 달집태우기
그 불길 타 올라 하늘까지 닿거라.

자정

침묵이 내리는 시각이다
날카로운 선 하나 그어놓고
이쪽과 저쪽을 바라보는 아득한 시공이다.

어둠은 땅거미가 지나자 겹으로 밀려와
드디어 정점에 이르고
눈 부릅뜨고 달려들던 모든 것들이
조용히 눈을 감고 휴식으로 빠져든다.

일상 삶을 몇 가닥으로
헤아려 보아야 하는 것인지
하루해가 심장을 몇 번이나
두드리고 가는 것인지
아직도 계산할 수가 없다.

어둠에 깔리는 찬란한 침묵
시간은 조금씩 앞으로 기어가고
조금만 더 있으면 아주 작은 틈새로
새벽이 기어들어 깊은 자정을 깨울 것이다.

제2부

오류동 연가

오류동 연가

길 떠난 사람을 사랑하고 싶은
오류동은 정겹다.
한때는 주거환경 제일로 선망하던 곳
늙은 아파트 단지가 편하다.

사방으로 늘어선 느티나무숲
산인들 이보다 더 우거지랴
봄꽃, 여름 그늘 물든 가을 나무
계절마다 새로운 절경이다.

늙어 살기 좋은 곳
큰 병원 가깝고 차 타기 쉽고
밥 사 먹기 편한 곳
이웃 좋으면 그만이다.

호화롭지 않지만 묵은 정이 서린 곳
박용래 시인의 청시사[*] 골목도 여기 있고
서로 얘기하지 않아도 빤한 이웃이다.
젊은이들보다 늙은 층이 더 많으니
지나간 추억은 길고 앞날 얘기는 짧기 마련이다.

삼삼오오 둘러앉아 오류동은 더불어 늙어가는 정이 있다.

* 청시사(靑柿舍) : 박용래 시인의 옛집. 울안에 푸른 감나무 한그루
있어 붙여진 이름.
지금은 집터만 골목에 남아있다.

호젓한 날

봄비 소리 없이 창밖에 매달려
눈물처럼 맺혔다 떨어지고
하늘은 지긋이 내려앉았다.

오늘쯤 사랑하는 가슴에
고독한 꿈을 챙기며
신열을 덥혀오는 이 누굴까.

바쁜 걸음을 준비하고
누군가는 찾아와 사랑할 것 같은 날
혼자 있어도 고독하지 않다.

먼 산발치
안개가 하늘로 퍼진다.

환절기

베란다 방충망에 매미가 날아와
통곡을 하고 떠난 뒤
은행나무는 황달에 걸려 시름시름
하늘만 바라보고 서 있다.

늘어지던 바람결이 한결 빨라지면서
아래층 팔순 할머니는 긴 옷을 껴입고
아파트 현관 앞에 앉아서
뼈마디가 쑤시고 저리다며
허공에 대고 신세타령 중이다.

속절없이 가는 것이 바람인지 시절인지
빗기는 햇살에 나무 그림자 누워있고
무심코 지나는 계절이 가슴에 자국을 남긴다.

하루가 다르도록 계절은 끝자락을 따라가고
이제는 예방주사도 효험이 없는지
감기란 놈은 일찍도 찾아와 몸살 중이다.

꽃가게

사계의 순환에도
꽃집에는 계절이 없다.

언제나 우리에게 즐거움을 주는 꽃
꽃을 마주 보면 환한 웃음 속에
숨차던 가슴도 넉넉해진다.

이 좋은 세상에
사람들은 왜 싸우며 살아야 할까
꽃들이 물을 것이다.
네 고운 얼굴 앞에 무슨 변명을 할까
사람들은 다만 사랑하라는 말씀을
잊고 사는 탓 일 것이다.

꽃은 예쁜 사랑이다
꽃가게 주인도 함께 예쁘다.

어느 날

마음잡아둘 곳 없어
종일 밖을 헤매다
푸른 물결 출렁이는 바다를 만났는데

뱃길로 한 시간을 넘게 달려와
마주선 한적한 섬
몇 가구 안되는 집집마다
문패가 민박집으로 걸려있다.

바닷가로 밀리는 낮은 파도
조약돌을 쓸어내리고
바다 먼 발치
큰 배 하나 구름처럼 떠간다.

갯가에서 무엇을 기다렸는지
날이 저문다
어둡기 전 유숙할 곳을 찾아야겠다.

나무

숲길에 서 있는 나무
가을이 속 깊이 파고들기 시작했다.

나무는 서로 어깨에 손을 얹고
너울대며 산등성이를 넘다가
손을 내리고 푸르던 가슴을 태우며
치열한 계절에 마주 서 있다.

누구의 맥박인지 귀 기울이면
안으로 감기는 박동의 숨소리
내리는 햇살 차곡차곡 접으며
이제는 꽃처럼 변신해 서 있는 나무

가지마다 주문呪文같은 삶의 증거를 매달고
슬프도록 아름다운 빛깔로
다시 만나야 할 계절을 설계하고 있다.

기우제

비가 오시지 않습니다.
물이 말라버린 가뭄
한계상황입니다.

무엇이 잘못된 것입니까.
욕심껏 살다 기후가 변하고
마음껏 쓰다 모자라게 된 것을
고백합니다.
물 쓰듯 살아온 세상을 반성합니다.

말라죽고 타 들어가는 작물
인심도 메말라가는
땅 위의 갈증을 풀어 주소서
비는 하늘에서 땅으로 내리십니다.

기도합니다.
하늘의 일이 땅 위에서도 이루어지는
큰 변화를 내려주소서.

성묫길에

삼켜도 넘길 수 없는
속에 걸린 슬픔이
왜 가을이면 도지는지
푸른 하늘이 서럽다.

고추잠자리
허공을 긋다 사라지고
지나는 바람결마저 심란한데

세월이 얼마나 더 지나야
푸른 하늘이 슬프지 않을지.

24시

초점에 꽂힌 바늘
바람인 듯 스쳐가는 모든 것들을 붙잡고
주문呪文처럼 매달리는 불립문자.

소멸의 순간들이 품속으로 기어들어
속을 파고드는 통증은
시간이 가는 것인지 오는 것인지
분별없는 지점에 허상처럼 서 있다.

때로는 찬란했던 마디가
아득한 그림자로 꺼지다가
다시 수천갈래 빛살로
돌아설 듯 다가서는 삶의 그림자.

언제쯤 일까,
통증을 극복한 평정의 시간 위에
스스로 사랑하여 지날 수 있는 날
먼 발치에 등불 하나 걸어놓고
어릴 적 어머님 품속에서 잠이 들 듯
24시는 그렇게 바라보는 시간이다.

탄생

탄생은 숭고하다.
탄생은 피 흘림처럼
아픔을 겪어야 한다.

풀잎이 일어서기까지
꽃이 입술을 열기까지
속으로 시퍼런 피를 흘린다.

움직이는 생명체의 모든 어머니들은
아픈 출혈을 견디고 나서
고귀한 생명을 탄생시킨다.

골고다* 언덕에서 흘린 붉은 피
거듭나는 생명의 탄생이다.
존귀는 그것만이 아니다.
흘린 피 부활해
영생의 자리로 옮겨갔다.

* 골고다(Golgotha) : 그리스도가 십자가에 못 박혀 죽은 수난의 땅
엘루살렘의 교외에 있다. Calvary와 같은 지방임.

생인손

손가락 하나 자꾸 아프다.
통증의 줄기가 어떻게 연결되어 오는지
전신이 쑤시고 아프다.
생인손은 우연이 아니다.

손은 육신의 욕망을 위해
얼마나 많은 손놀림을 해 온 것인지
통증으로 다가선 손가락의 존재가
새삼 감사하다.

감사야 이것뿐인가.
물과 불과 바람이 얼마나 소중한지
햇살이 얼마나 위대한지
더불어 사는 이웃이 얼마나 귀한지
생인손 앓으며 새삼 철이 든다.

석란

숨 막힐 듯
긴 침묵의 정점
신열보다 뜨거운 가슴

가느른 혼줄에
피어오르는 생명

빈자리 가득 차오르는
잔잔한 숨소리.

남도에서

눈물 젖은 이별의 항구
어찌 목포 뿐이랴
이제는 뱃고동이 울어도
눈물 짓는 사람은 없다.

구수한 남도 사투리
먹거리가 푸짐하다.
홍주 한 잔이 얼마나 독한지
마셔보면 안다.

섬에서 섬으로 이어지는 뱃길
바닷바람이 시원하다.

문패

문패가 아파트 구석에 버려져있다.
평생 마음먹고 지은 집 대문에 걸었던 이름 석 자
내 생애가 축약된 물증이다.

아파트는 문패가 숫자다.
세상은 모두가 숫자로 조합된다.
사람이 번호로 바뀐지 오래고
집이며 길이며 먹고사는 일 모두 숫자다.
쉽고 편한 것만 급히 돌아가는 전광석화시대
깊이 생각하고 서서히 늦추며 살 겨를이 없다.

방구석에 버려진 문패란 놈
저를 버리고 편리를 찾은 나를 비웃을 것이다.
그 간 얼마나 팔자가 늘어졌느냐고.

아파트는 문패 달린 이웃이 없다.
위, 아래, 옆집 모두 이름을 모른다.
승강기에 갇혀 오르고 내리면 그뿐
얼마 동안 보이던 사람 안 보이면
이사를 했거나 아니면 저승으로 간 것이다.

제집에 들어갈 때도 가족의 도움이 필요 없다.
숫자 몇 개 찍으면 된다.
문패를 버린 죄 모를 리 없다.

기후변화

봄을 끌어당긴 여름이 길다.
삼복을 어찌 넘길까.
전보다 열기가 높고 더위가 질기다.
가을은 더 짧아지고
겨울은 추위가 무디다.

무슨 탓인지 지구 온난화 현상은
생태계를 변화 시킨다.
봄철에 여름옷을 입는 사람
한 겨울에 피는 봄꽃들
모든 감각이 변화에 적응하는 훈련 중이다.

기후변화는 파괴와 생성이 상존한다.
한 백 년쯤 지나면 지구는 어찌 될까
어쩌면 밀집도시가 파괴되고
새로운 생태계가 조성되면서
사람들은 화성으로 떠나는 우주선을 타고
손을 흔들며 이별을 할지도 모른다.

허무

그림자 하나 속으로 품고
바닷가를 걷다가
노을과 마주쳤다.

불타는 노을 얼마나 갈까
얼마나 갈까
바다 밑으로 사그라진
하루가 허무다.

제3부
잠행

잠행

밤사이 잠든 틈에
방안을 들여다보며
유리창을 만지다 가버린 손

기척도 모르고 혼수昏睡에 빠졌던
영혼은 깜깜한 어둠 속에서
기다리던 속삭임도 듣지 못하고

창문을 건드리던 손
투명한 물방울로 안쪽을 바라보며
마른 영혼에 위로의 손길을 내밀어 주었는데

밤사이 일어난
봄비의 잠행
까맣게 모르고 있었으니.

구두를 버리며

아쉬운 작별이다.
이별이란 슬픈 것이 아니더냐.

가파른 삶을 위해 마르고 닳도록
발길을 지탱해온 구두
얼마나 힘겨운 걸음을 버티며 살았는지
그 무딘 뒷축이 창나고 말았다.

살아온 길 야속하기야 말로 다 하겠느냐
거친 세상 고단한 짐을 네가 지고 왔거늘
작별이란 누가 누구를 버리는 것일까.

가야 할 길. 말아야 할 길 가리지 않고
더불어 살아온 세월이 아득한데
네 속에도 박혀있을 혼줄 하나
지워지지 않을 흔적으로 남아있다.

이제는
들꽃처럼 피어나는 지난 발길을
검은 비닐에 감싸들고 바라보는 허공
이별이란 누구나 슬픈 것이다.

행복이란

살아가는 일
사방에 도사린 서슬 푸른 경계다.
그 경계선에 숨어있는 행복이란 놈
가끔 벽에 부딪칠 때마다
혼자서 그놈을 생각하게 된다.

우연찮게 덮치는 그늘을 제치면
화사한 꽃처럼 다가서는 그놈
행복이란 내 속 깊이 잠복했다가
절박한 통증 뒤에 찾아오는 손길이다.

약을 먹어야 지탱하는 일상
곰곰 생각하다 우울증에 빠져
약하나 더 먹게 되는 병리적 습성
행복은 그 울안에서 자주 만나지만
절실하게 기억하지 않는다.

행복이란
절망의 순간이 누구의 것이던
그 통증이 얼마나 크고 작은 것이던

폐부를 뚫고 지나간 뒤
우리는 긴 숨을 내쉬며 그놈을 만난다.

느티나무

설핏 넘어지는 석양
촌락의 유년은 무지개였다.

들길을 걸어 동구에 이르면
하늘을 가리고 서있는 느티나무

마을의 길흉을 다스리며
세월을 품고 있었다.

착각

도심 속 매미가 한밤중
통곡을 한다
더위가 식지도 않았는데
귀뚜라미가 운다.

허수아비 어깨에 앉은 참새
먹이를 훔치다 덫에 걸린
도둑고양이
두 놈은 함수관계다.

세상은 진화라 우기고
세상은 창조라 우기고
차가 부딪쳐 피를 흘려도
싸움은 목청 높은 쪽이 이긴다.

유모차

아파트 골목
유모차*를 밀고 가는 할머니
여생이 갈수록 숨차다.

숨찬 것 혼자뿐이랴
유모차는 기러기처럼
나란히 나란히 걸어간다.

생로병사
늙을수록 깊어지는 병고를 어쩌랴
급속한 노령화 시대
자식에게 짐이 될까 걱정이다.

* 유모차 : 허리 굽은 노인 보행 보조품

개화

해가 툭 꺼지고 체온이 내려가면서 마디마다
파고드는 아픔
실어증에 걸린 육신은 허공에 손을 뻗은 채
하늘만 바라보고 있었다.

어느 날 눈물 같은 비가 내리고
독한 몸살로 신열이 오르면서
목이 터지는 내출혈인가.
소리가 사방으로 열리기 시작했다.

꽃이 피었다.
존립의 의미가 얼마나 엄숙한지
스스로 깨닫게 하는 찬란한 희열
춤추는 햇살이 내리고
사랑이 맴돌고
불어오는 바람결에
꽃은 수다를 떨기 시작했다.

손녀

유치원 하늘반에 다니는
늦둥이 손녀
한참 재롱을 떨다 가버리면
그 자리에 그림자가 또 한참 서 있다.

그러다
그림자가 사라지면
가슴속으로 사랑이란 놈이
찾아와 앉는다.

며칠쯤 지나면 손녀가 보고 싶어
다시 오라고
제 어미한테 전화를 건다.

그믐달

등불 하나 걸어 두고
어둠으로 빠져나간 시간을 찾는다.

길게 늘어진 시간 속에
숨은 그림자
모두 밖으로 나왔다 가라앉고
바라보는 하늘이 아득하다.

오늘쯤 누군가 문을 두드리며
동행을 청할 것 같기도 하고
순한 밤이면
푸덕푸덕 눈이 쌓일 것 같다.

세월은 그대로 가고 있지만
그 속을 헤쳐가는 삶은
언제나 고달프기 마련이다.

보채며 지나가는 시간
가슴이 먹먹한 그믐날이다.

우시장

우수憂愁의 눈

속으로 맴도는
워낭소리

천부의 멍에 짊어지고
걸어온 길 아득한데

흥정은 배리였나
우시장에 겹치는 눈빛

가야 할 길
가늠도 못하고
먼 산 바라보며
소가 서있다.

외등

희미한 외등 하나
빈자리에 걸려있다.

소음에 시달린 하루가
어둠으로 기어들고
이따금 허상의 그림자
사라지는 골목

떨어진 잎들이
바람에 뒹굴고
늘어지는 시간의 존재 위로
조용히 불빛이 앉아있다.

물한계곡

물한계곡에 머물다
캄캄한 밤을 맞는다.
살아 있는 건 별뿐이다.
어둠이 이렇게 깊은데도
두렵지 않은 것은 무슨 연유냐.

팽팽한 장막 긋고 가는 칼끝 일까
사방에선 밤벌레가 울고.
얼마쯤 더듬어 내려가면
하룻밤 유숙키로 한 주인집 불빛이
새어 나올 것이다.

더듬이가 없으니
벌레보다 나을 것도 없지만
휘황한 도시 불빛에 중독된 감각을
치유할 수 있는 시간이다.
존립의 의미를 어떻게 감사할까
걸을 수 있다는 사실만으로도
뼈저릴 때가 있다.

한적 閑寂

외달도 민박집
토박이 주인의
전라도 사투리

바다 파도가
쓸렸다 가 버리고
쓸렸다 가 버리고

발 아래서 울고 있는
조약돌 바라보며
하루를 멍하니
그냥 앉아있다.

이를 뽑으며

만만치 않은 치통
앓던 이를 뽑았다.

통증에서 벗어나는 일인데
한 두 번이 아니고 보니
발치가 우울증으로 기어든다.

생명의 조건이 하나씩 빠져나가는
허탈한 세월의 그림자
자화상이 짙은 노을 빛에 잠긴다.

으능정 달빛

젊은 날 으능정 골목은
허름한 주점이 드문드문 앉아있고
친구 몇 모이면 청청한 얘기
달빛이 지붕 위에 늘어질 때까지
잔 기울이며 얼싸안던 시절이 있었다.

그 도타운 정 으능정 향수는
세월이 다 갉아먹고
영악스런 세상 원도심 거리엔
넘치거나 모자람 뿐이다.

가난해도 넉넉했던 시절
으능정 달빛이 늘어지는
대전발 0시 50분 그 시절이
왜 그리운 것이냐.

빈 집

허물어진 빈 집에
허망한 세월만 앉아있다.

스치는 것은 바람뿐인데
주인은 어데로 갔을까
떠나기 전 주인은 텃밭에 씨뿌리고
흙을 만지며 하루 해가 짧았으리라.

달빛이 창가에 매달리면
허리 굽은 주인의 기침소리가 새어 나오고
호롱불에 가난을 꿰매던 늙은 아내가
작은 창문에 그림자로 박혀 살았을게다.

세월은 사람을 떠나게 하고
아무도 없는 빈집
혈육의 이별처럼 허전함만 남아있다.

제4부

묵언

묵언

하늘에 계신
주님
제가 보이실런지요.

모진 세상
쌓이고 쌓이고
죄 얼마나 무거운지

가슴도 막히고
눈물도 막히고
말문도 막히고

하늘에 계신
주님
제가 보이실런지요.

창가에 앉아

짧은 시간이 지루하다.
책갈피에서 뛰쳐나온
묵은 사진 한 장이
늘어지는 시간을 잘라내고 있다.

세월은 그리움인지 아쉬움인지
가득히 밀려오는 그림자가
바람처럼 흩어진다.

삶은 언제나 버거운 길을
걸어가게 마련이다.
창밖엔 햇살이 곱다.
세월이 고맙다.
놀이터에서 재잘대는 애들의 목소리가
맑은 메아리로 퍼져온다.

일기

오후부터 진눈깨비 뿌리기 시작했다
벽면에 달랑 한 장 남은 달력이
침묵하며 시간을 끌어당긴다.

시야가 갈수록 좁아지고
낮게 내려앉은 하늘이
밤에는 눈이 내려 쌓일 것 같다

몇 년째 떨구지 못한 우울한 통증
벗어날 길을 찾아보지만
시력마저 종점에 가깝다.

언제나 세월은 말없이 지나가고
도시의 불빛은 어둠 속에 명멸한다.

넝쿨장미

언제나 요염한 여인 같은 꽃
유혹인 줄 알면서
지나치지 못하는 사랑처럼
화사한 얼굴과 마주 선다.

푸른 너울에 휘드러진 붉은 입술
신선하게 다가서는 웃음은
지친 도시의 일상을 환희로 품는다.

삭막하던 이웃의 경계
네가 서 있어 줄줄이 손을 잡게 하고
더불어 사랑을 나누게 하는 꽃
햇살 찬란한 시간일수록
행복한 이웃을 만나게 한다.

절망 허물기

절망을 허무는 고통이
눈물이었다가 한숨이었다가
바위를 끌어올리는
시지푸스*의 신화였다가

어느 길목에서
탯줄 같은 끈 하나 마음에 걸어놓고
그 끈 끌어당겨
내가 내 속으로 들어간다.

가슴속에 환치된 영상
심호흡을 하면서
무엇을 간절히 사랑할까

푸른 하늘에 풍선 하나 띄우고
그 풍선 하늘에 닿을 때까지
선 채로 기다리는 자리가 있다.

* 시지푸스(Sisyphus) : Corinth王의 그리스 신화.

천벌

여섯 살 난 손녀
길을 가다가

할아버지
개미 죽이면 천벌받지

누가 그러더냐

소풍 갈 때 선생님이 가르쳐주었단다.

천벌이라
천벌이라

그렇다 할까
아니라 할까

초롱이

페키니즈. 출생 삼 개월이 되어
눈발 날리는 추운 날 애들 품에 안겨왔다.

입주하면서 초롱이로 이름을 달고 살았는데
자라면서 대소변 한 곳에 가리고
초롱초롱 재롱을 떨며 사랑을 나누다가
이사를 하면서 애잔한 이별을 맞았다.

사람만 보면 몸을 비비며 갸웃대고
눈을 맞추던 그놈의 그림자
왜 자꾸 눈앞으로 달려드는 것인지
먼 하늘을 바라보아도 이놈의 그림자뿐이다.

만나고 헤어짐이 생사가 있거늘
살아가면서 이만한 이별쯤이야
쉽사리 지워 버릴 수 있는 일인데
속으로 가라앉는 우울을 어찌하랴
눈앞에는 아직도 그놈만 어른거린다.

산막에서

휴양림 산막에
느리게 비가 내린다.

빗방울
매달렸다 떨어지는
낮은 음계와 한 잔의 커피
그 향이 유다르다.

바람도 비에 젖어 눕고
산 그림자 희미한 능선
나무도 선채로 기척이 없다.

조금 있으면 비가 그치겠지
시간이 지나면
산막을 비워야 한다.

무상

바람 한 자락
흘러가는 구름 한 점
그것이
세월인 줄 모르고
멍하니 서있다
하늘만 보고 있다.

담쟁이

벽을 잡고 위로 올라가야 하는
태생적 운명을 안고
하늘로 향한 담쟁이

언제든 손을 놓으면
깨져버릴 사랑 때문에
수직의 벽에 매달려 살아간다.

한걸음 한 걸음씩
올라 갈수록 아득한 하늘
쉴 새 없이 기어오르다
혼자 흘린 땀방울이
이슬 맺혀 떨어지는 아침 햇살에
반짝이는 푸른 생명의 날갯짓

언젠가는
냉엄한 계절이 다가서
서로의 체온이 식을지라도
벽을 안고 살아온 뜨거운 열정
잡은 손 놓지 않고 야무지게 버틸 것이다.

모닥불

사위四圍 어둠에 묻히다.

산곡山谷의 밤은
두려울 만큼 고요한데
계곡물소리만 살아있다.

어둠을 파고드는 한기
모닥불 피워 한적한 시간을
가슴에 담는다.

먹고 사는게 숨찼던 시대
휴양이란 얼마나 호사였던가
지금이야 세상 사는 게 변했으니
따지고 보면 인생사 허허한 것.

바람결 스치는 산곡의 밤은
아쉬운 듯 쌓이는 그리움
타오르는 모닥불만 어둠을 태운다.

가을 산조

서둘러 떠나는 긴 그림자
빈 들판을 걸어가고
하얀 풀꽃도 바람을 따라간다.

한때 안으로 파고들던 갈증
채우고 비우는 순리를 남긴 채
가을은 그렇게 자리를 비워간다.

나비야 청산 가자

나비야 청산 가자, 가다 저물면 꽃에서 자고 가자
꽃이 푸대접하면 잎에서 자고 가자.

흔들리는 꽃대궁에 홀로 앉은 나비야
젖은 날개 햇살에 펼치며
처음 하늘을 날던 날
화려한 꽃들의 향연이
얼마나 내밀한 음모였는지 모른다.

아득한 시간을 선율로 이어온 날개
날개의 고단함이 춤이 된 꽃 앞에
촉수 깊이 꽂고 무슨 얘기를 나누었더냐.

청산을 가려 하니 청산이 어드메인지. 꽃술에 파묻혀
꿈꾸는 나비야 청산에 들면 꽃인들 없겠느냐
나비야 청산 가자. 나비야 청산 가자.

자식

작은 새 한 마리 하늘을 날다
목 맺히는 잠언 하나 흘리며 간다.
늘 걱정 속에 속 태우는 일들 품고 살으니
아픔과 행복이 함께하는 아린 존재다.

도란도란 하다가도 바람이 일고
바람 부는 촛불이다가 소낙비가 되기도 하고
다시 햇살 돋는 아침을 대면하는 것.

열 손가락 물어 안 아픈 것 없다더니
속은 다 그런 것인가
세월 흘러 자식 나이 중년을 훌쩍 넘어도
항상 위태로운 마음은 마찬가지다.

골목길

한 백 년쯤 살 거라 했나
긴 그림자 드리우며 들락거린 골목길
보리밭 돋구어 집을 짓고 판자 울타리를 세우자
어느새 이웃이 옹기종기 달라붙어
골목에는 하늘의 별처럼 삶이 박히기 시작했다.

가로등이 없는 골목길, 기침소리만 듣고도 이웃집
누구인지를 알아채는 골목.
발자국 소리만 들어도 누가 어델 가는지 아는 이웃
급한 일 생기면 서로 밤낮이 없고
좋은 일 있으면 내 일처럼 자랑하며 살던 골목
아이들은 그 골목이 놀이의 천국이었다.

세월이 얼마나 흘렀을까
어느 날 돈으로 못사는 골목의 인정이
일방적 계산에 의해 팔려나가고
삶이 별처럼 박혀있는 골목길
환경 개선이란 힘센 깃발이 골목의 모든 것을 쓸어버렸다.

대마도

왜 자꾸 여길 오게 되는 것일까
남의 것인데
내 것처럼 다가서는 숨결이 있다.

유심히 발 닫는 곳
바다만큼 푸른 혼으로 순절하신
내 조상의 순절비가 서 있고
우리 문물의 흔적이 청자 파편처럼
곳곳에 박혀있다.

산이 바다를 만나고
바다는 우리 땅에 닿아있으니
대마도 한쪽 언덕에 올라
손전화를 걸면 대한민국이 직통인데
우리가 왜인 욕심 같았으면
대마도는 조선땅, 대마도는 우리 땅이다.

국기에 대하여

국경일에도 국기를 거는 일이 번폐스런
시대가 되고 있다.
때로는 관청에서 내 건 태극기가 거리에서
펄럭일 때도 있지만 왜 거는지 관심이 없다.
애국가가 울려 퍼지고 국기가 게양될 때
우리가 다짐해온 맹세는 무엇을 말해왔는지.

오래전 유럽 여행길에 알프스산 몽블랑을
오르면서 산 아래 계곡 샤모니 마을에
몇 나라 국기가 게양되어 있었는데
그 중 태극기가 게양되어 휘날리는 것을 보고
눈물이 핑 돌면서 가슴 벅찬 감격을 맛본 적이 있다.

아파트 관리사무실에서 국경일이니 국기를 걸어달라고
여러 번 방송을 하지만 민주시민은 자유다.
국기 게양이 갈수록 줄어드는 빈자리
그래도 태극기는 바람에 펄럭인다.

제5부

수평선 바라보며

수평선 바라보며

하늘 한 번
넉넉히 바라보지 못하는
조바심의 세월
수평선 바라보며
왜 외로워지는 것이냐.

하늘인지 바다인지
서로가 아득한데
달려왔다 달아나는 파도
반복의 파장 속에 퇴적된 시간이
아리게 가슴으로 밀려든다.

하늘과 땅, 텅 빈 세상
수평선은 갈수록 아득할 뿐
감량할 길 없는 무한의 존재 위에
작은 티끌 하나 남아있다.

별 I

민박집 마당에 누어
밤하늘 별을 봅니다.

별들이 내려와 내 몸에 쌓입니다.
나는 큰 무덤이 됩니다.

별들은 다시 하늘로 올라가고
나는 혼자 누어 있습니다.

가슴이 뻐근하고
뜨금거립니다
별이 앉았다 간 자리에
내출혈이 생긴 모양입니다.

별 II

하늘엔 별이 빛나고
땅 위엔 짙은 어둠이 내렸다.

깜깜한 밤
반딧불이 별처럼 날아다니고
멍석에 누어 바라보던 별

그 별이 지금도 반짝이고 있는데
별들은 얼마나 더 늘어나고
나는 땅에서 얼마를 살았는지
별빛과 나 사이가 아득하다.

이승에서 착한 사람
죽어서 별이 된다던데
별이 된 사람 얼마나 많을까
밤하늘엔 별 총총 빛나고 있다.

등불

어둠이 내리면
마루 기둥에 등불이 걸리고
마당에 내리는 눈
밤이 이슥할수록
등불은 더 환해졌다.

가을걷이가 다 끝나고
시루떡을 나누는 늦저녁이나
마실 온 어른들의 밤길에
언제나 앞서가던 등불
밤은 그렇게 깜깜했어도
작은 등불은 길잡이가 되었다.

어머니 얼굴

나리꽃 환한 뜨락
햇살이 소낙비에 씻겨가고
구름 벗겨진 푸른 하늘
어머니 얼굴이 선하다.

여름이 가고 다가올 가을
쓸쓸함 어찌 견딜지
나리꽃 환한 뜨락에
어머니 얼굴뿐이다.

유년 일기

가을이 깊숙이 손을 내밀고 있었다.
미루나무 잎이 노랗게 흔들리다 떨어지고
들판 논둑에는 볏가래가 줄 서 있었다.
콩밭을 다 거두고 쟁기로 갈아엎은
사래 긴 밭에는 보리씨를 뿌리고
된서리가 내리기 전 타작을 해야 했다.

벼바심을 하는 날이면 캄캄한 새벽부터
일꾼들은 첫 밥을 먹고 들로 나가 볏단을 나르고
바깥마당에서는 저녁 늦게까지 탈곡한
벼를 가마니와 섬에 담았다.

등불을 걸고 화톳불에 벼 거룩을 태우며
하루를 마치는 시간 광에는 벼가마가 쌓이고
마당 끝에는 집채보다 더 큰 짚누리가
아버지의 표상으로 서 있었다.

눈이 내리기 전 어머니는 김장을 서둘렀고
떡시루를 손질하며 이웃과 나눠먹을
시루떡을 준비했다.

수수엿

마루 기둥에 걸린 등불이 밝았다
밖에는 푸덕푸덕 눈이 내리고
진종일 부엌에 계신 어머니는
식혜를 걸러 가마솥에 넣고
어둠이 내리도록 엿을 고으셨다.

조청. 연한 엿. 갱엿을 불의 조절과
시간차로 고아내 맛과 영양을 즐겼다
조청은 명절 떡을 찍어 먹고
연한 엿은 깨볶음을 뿌려 손으로 떼어먹고
갱엿은 콩가루를 발라 엿판끼리 달라붙지 않게
켜켜로 쌓아두고 깨어 먹었다.

전깃불이 없고, 밥 이외는 별다른
간식이 없던 시절
엿 덩이를 입안 가득히 넣고 녹여먹는
단맛의 행복감이란 무엇에 비할까
유년의 겨울밤은 가난한 행복이
수수엿처럼 달라붙어 녹아흐르는 추억이다.

독백

시란 무엇이냐.

·

·

·

인생이란 무엇이냐.

달래향

겨울을 이겨낸 파릇한 보리싹 틈새로
미리 나온 보리밭 달래
아직도 밭 허리에는 잔설이 드뭇한데
누나는 달래를 캐어, 양념장을 만들고
밥상에 올렸다.

달래 향취가 입안 가득 차오르면서
봄기운이 몸으로 스며들었다.
가족들은 보리밭에서 덤으로 얻은 달래를
고맙게 여기며 천신薦新이라도 받은 것처럼
작은 행복을 누리던 시절이 있었다.

봄날의 전령 달래
지금은 사철 볼 수 있지만
모양은 같아도 그 맛은 옛것이 아니다.

기도 I

불덩이 하나 삼키고
견딜 수 없어
푸른 하늘 바라보며 서 있는 것
기도다.

참담하고 처연한 일 보다가
마음이 거기 끼어들어
떠나지 못 하는 것
기도다.

통증보다 더 지독한 절망 앞에
말없이 기다리는 것
기도다.

눈 뜨고 보지 못한 세상
눈 감고 보이는 것 있으면
그것은 기도의 힘이다.

기도 II

땅 위 존립을
눈물이게 하소서.

그러다가
구름같이 뜨는 날
제 손을 잡아 주소서.

먼 훗날까지
말씀 가운데 있게 하시고
더욱 간절함을
얻게 하소서.

짐

살아온 흔적들이 짐이 되는 처지다.
필요에 따라 모아온 책
대물림한 가재도구
직장, 사회에서 삶을 격려해준 각종 기념, 상패
국내외 여행 때마다 모아온 소품들
기념이 될 거라고 아무 때나 찍어 쌓아놓은 사진
침실을 빼고는 나머지 공간은 모두 짐만 쌓인 셈이다.

까짓것 버리면 그만이지만
쉽사리 버려지지 않는다
책 한 권, 소품 하나 눈여겨 생각하면
지나간 삶의 애환이 얽힌 분신들이다.

젊은 날의 석양은 찬란하고 화려한 색깔이었다.
늙어 돌아갈 길 가까운 석양
헤싊기 그지없음을 뉘라 알랴
짐을 지고 버리지 못하는 어리석음
짐을 버리는 날 나그네 여행도 끝날 것이다.

가훈

부모님으로부터 물려받은 재물
다 소진하고 말았다.
자식까지는 유산의 힘을 부정할 수 없지만
후손에게는 크게 덕 볼 재물은 없다.
하지만 물질만 유산은 아니다.
선대로부터 물려받은 가훈 하나
正直. 誠實. 立志. 가문의 오랜 가훈이다.

대대로 후손에게 물림하는 가훈은
글귀가 내포하는 내용 그 이상의
정신세계다.
자손들과 가훈의 정신을 토론해보면
갈수록 선대의 정신세계에 미달이다.
변하는 것은 시속이지만 가훈은 불변이다.

죽음

영혼의
가던 길이
잠시
바뀔 뿐

유기견

누구의 삶이 처절히 찢겨가는 것이냐
함께 숨 쉬고 함께 즐거웠을
그런 날이 실타래같이 감긴
저 가슴

배반의 거리는
죽으면 그만이고
죽이면 그만일까

눈빛 생생히
오가는 발자국 소리 귀에 걸고
기다리는 허망

사람이 어찌 말 못하는 짐승을
그리도 울리는가

사루비아

푸른 하늘
날선 칼끝에 번득이는
가을 햇살에 베어
선혈을 흘리고 있는 사루비아

그 붉은빛
속으로 파고들어 심장을 돌리다가
손끝까지 밀어내는 전율

가을이 깊은 숨을 내쉬고 있다.

한라산

나뭇잎이 만국기가 되어
온산이 등불처럼 환하게 밝은 날
운수 좋게 산에 오른다.

산 영기靈氣
귀가 멍하도록 몸속으로 기어들어
가슴이 뻐근한데
산을 오르다 주저앉아 하늘을 보니
지금껏 지탱해온 세월의 마디가 저리다.

바람인 듯 산비탈로 넘어지는 햇살
나뭇잎 불길같이 흔들리고
좁은 가슴 숨이 벅차다.

정상으로 오르기는 아직도 먼 길
여기가 해발 얼마나 될지
지금껏 지탱해온 육신
감사해야 할 일이 너무 많다.

평설

운명 위에 건축한 순리의 세계

– 최송석 시집 「창밖을 보다가」를 읽고

김용재

시인, UPLI 한국회장

I

최송석 시인은 1950년대 중반 충남대학교 국어국문학과 재학시절부터 문학동인 〈심문회〉를 조직하여 열렬하게 문학 활동을 시작했다. 문단의 공인을 받는 입장은 아니었지만 문학의 싹을 키우고 문인으로서의 발판을 구축하는 과정이었음을 부정할 수는 없다.

그럼에도 불구하고 최송석 시인은 문인으로서의 자취를 보이지 않고 있다가 70년대 후반에 와서 〈호서문학〉의 문을 두드렸고 박희선, 박재삼 시인의 추천을 받아 〈시와 의식〉(1984) 등단 절차를 거쳤다.

뒤늦은 출발이었지만 문단 지도자로서의 역량을 십분 발

휘하여 한국문협충남지부 사무국장, 감사, 부지회장 및 한국예총 대전광역시 부회장을 거쳐 한국문협 대전광역시 지회장, 대전문인총연합회장을 지냈고 중앙에도 발을 넓혀 한국문인협회 이사, 국제 PEN클럽 한국본부 이사 등을 역임하였다.

지금은 호서문학회 및 대전문인총연합회 상임고문으로 있으면서 연륜 80의 숫자 개념을 외면하고 있다.

그러면서 아직도 시인은 우리나라 현존 문학지 중 가장 오래된 〈호서문학〉을 모르거나 외면하는 문인은 대전문인이 아니라고 단언해버린다.

아울러 시인은, 필자와 함께 제안 조직한 대전문인총연합회의 존재위상을 높이 평가하며 문총에서 계간으로 발행하는 〈한국문학시대〉의 차별 지원에 대한 칼날 같은 비평을 숨기지 않고 있다.

지방자치제와 더불은 능동적 주체로서의 순수종합문예지 〈한국문학시대(초기-문학시대)〉를 발행하면서 문협지회(지부)체제와 상생발전하자고 중점투자개발 분야까지도 협의했는데, 언제부턴가 문협은 기고만장 권력(?)싸움이고, 지부는 본부로 가서 지원을 받으라고 외치던 관리는 하나도 보이지 않는다고 한탄을 한다. 토종 단체를 외면하고 중앙집권(집중)체제에 물든 변종 관리들의 의식이 우리 대전 문단의 불협화를 조장했다고까지 시인은 지적을 하고 있는 것이다.

토종 단체를 외면하고 중앙 집중의 지회 지부체제 중심 지원으로는 절대적으로 발전을 할 수 없다는 시인의 그런 지적에 필자도 물론 동의를 한다.

문협, 문총 양쪽 회장을 다 거친 사람으로서 물론 어느 한쪽을 편애하지 말고 평등 지원해달라고 요구하는 것이다.

최송석 시인은 그렇게 깊고 넓은 생각을 하였으며 언제나 직선적이고 칼칼하였다. 행동 또한 바르고 건전하였다. 그래서 시인의 곁에는 동료 선후배 문인들이 늘 함께 있었다. 과작이지만 열심히 시를 썼고 문학세상을 사는 삶으로 일관하였다.

서정과 의례, 구원과 갈망이 무르익는 비교적 안전한 세계를 끌어 들였고 가정과 사회에서의 다양한 삶의 조건들을 진지하게 탐색하였다.

연륜이 알려준 의연한 의식일까. 이제는 운명론 쪽으로 세상을 놓고 가시 같은 아픔을 치유하고 있다. 영국 속담에 '사람의 일생을 지배하는 것은 지혜가 아니라 운이다(It is fortune, not wisdom that rules man's life)'라고 하지 않았던가. 운과 운명은 한 뜻으로 어울려드는 동질의 삶속에 존재한다는 사실을 부기하면서 쉽게 가슴에 닿는 시편들을 살펴본다.

Ⅱ

빛살 가득 품다 터져버린
노란 침묵의 파도
은행잎들의 찬란한 추억이
발목을 잡고 길을 막는다

진공상태의 현란한 세상
계절의 존재 위에 초점이 되어
그대로 돌아설 수 없는
꿈을 묻고 서 있는 그림자

나무는 그림이 되어 서 있고
발밑을 기어오르는 전율 같은 것
함께 쌓인 노란 무덤 위에
두 팔 벌리고 죽음같이 누워
빙빙 돌아가는 하늘을 만난다

– 〈노란 무덤〉 전문

〈노란 무덤〉은 늦가을 길에 깔린 노란 은행잎들의 정경을 묘사한 것이다. 일반적인 생각을 해보자. 그 정경이 너무 곱고 아름다워서 차마 밟지 못하겠다는 어린아이도 있을 것이고, 이미 나락의 세상에 앉아있는 죽음 인식의 나이든 어른도 있을 것이고, 길손들의 불편을 차단하기 위해 빨리 쓸어내야 하는 청소부도 있을 것이다. 그러나 시인이 인식한 것은 그저 노란 무덤일까, 생각해보는 것을 이 글의 과제 정도로 설정을 한다.

첫 연에서 시인은 길에 깔린 은행잎을 보며 '빛살을 가득 품다 터져버린 / 노란 침묵의 파도'라고 했다. 터진다는 것은 벌어지다, 갈라지다, 드러나다, 쏟아지다, 한꺼번에 나온다는 의미 영역이다. 침묵에 대한 에피셋이며 이 침묵은 다시 파도를 이루고 있다. 도입부의 이 표현이 은행잎 정경과 맞아떨어지면서 이 시의 우월성이 증명된다.

또한 싱싱하던 지난날의 '찬란한 추억이 / 발목을 잡고 길을 막는다' 했으니 과거와 현재의 괴리감이 시인의 의식을 지배하고 있다 할 것이다.

2연에서는 '진공상태'와 '꿈을 묻고 서있는 그림자'를 배치했다. 진공상태는 기상의 압력이나 생활의 부담이 없는 공허한 현상이다. 그런 현상에서 은행잎은 가을을 대표하는 존재의 초점이 되었고 꿈을 묻고 서있는 그림자가 되었다. 그림자는 존재의 상징이며 그렇기에 꿈의 실체로서 현실 인식의 강렬한 주체로 설정된 것이라 여겨진다.

마지막 연에 와서 잎을 떨군 나무는 그림이 되고 전율과 함께 잎은 노란 무덤이 된다. 그러나 시인의 의식은 여기서 끝나지 않는다. '두 팔 벌리고 죽음같이 누워 / 빙빙 돌아가는 하늘을 만난다'고 하였으니 그 하늘은 진정 의미부여의 중심 일 수 있는 것이다.

종교 이미지를 말하지 않더라도 하늘은 순리의 안식처이며 순리 그 자체이다. 물론 순리조차도 거역하며 운명을 부정하는 인생론자도 없지는 않을 것이다. 그러나 시인이 만난 하늘은 순응과 조화의 의미까지 내포한 사물 인식의 어엿함 일 것이다.

전체적으로 집약해 볼 때 이 시는 현상을 보면서 현상 이전의 과정과 일생, 그 역사를 인식한 시인의 예지이며 아는 만큼 관찰하고 살은 만큼 상상한 현실적 주체와 죽음까지의 간격에 놓이는 운명인식론이라 할 수 있을 것이다. 그 운명인식론은 무덤을 넘어 순리의 체계에 이르는 안정적 깨어남의 시심을 담고 있는 것이다. 단순한 듯하면서도 도달하기 힘든 경지에 들어선 시인의 빛나는 업적으로 간주해도 좋을 것이다.

다시 〈저물녘〉을 살펴본다.

푸른 산이 조용히 엎드린다.
바람이 잔잔하다.

야트막한 하늘로
새 한 마리 바쁘게 날아간다.
벌레들이 풀잎을 도르르 말아
그 속으로 들어간다.

하루가 접히는 갈피 속으로

귀로의 발걸음도 바쁘다.

－〈저물녘〉 전문

현대를 사는 우리들의 생활 모습은 시끄럽고 부끄럽고 불안하다. 그 현대를 축소한 짧은 하루의 공간으로 시인의 삶이 옮겨온다. 시끄럽고 부끄럽고 불안한 현대적 심리 요인들이 증폭되는 것이 아니라 오히려 말없이 사라진다. 안정적 질서의 세계로 귀착하는 순응과 조화의 시심이 돋보인다. 그래서 귀로의 발걸음도 바쁜 것이다. 다음으로 펼쳐질 평화로운 휴식의 세계는 운명 인식의 아름다운 질서를 꽃피울 것이다.

Ⅲ

봄비 소리 없이 창밖에 매달려

눈물처럼 맺혔다 떨어지고

하늘은 지긋이 내려앉았다.

오늘쯤 사랑하는 가슴에

고독한 꿈을 챙기며

신열을 덥혀오는 이 누굴까.

봄은 바쁜 걸음을 준비하고
누군가는 찾아와 사랑할 것 같은 날
혼자 있어도 고독하지 않다.

먼 산발치
안개가 하늘로 퍼진다.

– 〈호젓한 날〉 전문

비 오는 날 방에 홀로 앉아 창밖을 보는 시인의 심정을 떠올려 본다. 단순한 일상사인 듯하지만 그러나 이 시는 시인의 한 폭 서정이며 가슴 속 그림이다.

그 서정의 가슴 속 그림에 풀어놓은 물감은 연세 지긋한 사람에게서 흔히 찾아볼 수 있는 소외감(alienation)의 습기이나 이 습기는 사람마다 다양한 색채를 띠게 될 것이다. 이를테면 시인의 소외감에 와 닿는 습기는 호젓한 색채가 될 것이다. 호젓함이 전해주는 무서운 느낌이 들만큼 고요하고 쓸쓸한 색채인 셈이다.

호젓한 날 호젓한 가슴에 찾아와 사랑을 속삭여줄 것 같은 누군가의 기다림, 그 누군가는 과연 누구일까.

어머니, 이승 떠난 부인, 추억 속에 사는 어떤 인물, 생존의 옛 연인, 친구, 하느님, 부처님, 햇살, 봄날… 등 연상해 볼 수 있겠지만 그 답은 구하지 않아도 된다. 다만 그 연상의 연인이 있기에 시인은 '혼자 있어도 고독하지 않다'고 한 것이다.

'누군가는 찾아와 사랑할 것 같은' 연인을 연상하며 소외감을 풀어내는 시인은 실제로 오지 않는 이 연인의 그리움 앞에 연막을 쳐 놓음으로서 〈호젓한 날〉의 한 폭 그림을 완성한다.

'먼 산발치 / 안개가 하늘로 퍼진다'는 마지막 시구가 평범에서 비범을 찾는 시인의 뛰어난 감각 세계를 대변해주고 있다.

이 시에서의 안개는 눈 가린 연정 그 아름다움이며 내 몸에 감기는 연인의 따뜻한 입김이라 유추할 수 있기 때문이다. 운명을 채색한 석양보다 고운 시심이라 사료된다.

희미한 외등 하나
빈자리에 걸려 있다.

소음에 시달린 하루가
어둠으로 기어들고
이따금 허상의 그림자
사라지는 골목

떨어진 잎들이
바람에 뒹굴고
늘어지는 시간의 존재 위로

조용히 불빛이 앉아 있다.

— 〈외등〉 전문

일반적으로 말해서 등은 어둠을 밝혀주는 상징적 의미의 희생자이며 누군가의 밤을 지켜주는 파수꾼이다. 눈, 비, 바람, 추위, 더위 관계없이 불평도 불만도 다 삭이고 제 할 일에 몰두한 최고의 우량 공무원 같은 존재일 수도 있다.

그러나 최송석 시인의 〈외등〉은 빈자리에 걸려있는 희미한 존재로 외롭게 등장한다.

소음에 시달리고, 어둠 속으로 기어들고, 허상의 그림자로 사라지는 도시생활의 애환이 응결된 골목길 가로등 쯤으로 그 모습이 드러난다. 죽음의 혼령들(떨어진 잎들)이 바람에 뒹굴고 있는 '늘어지는 시간의 존재 위'에서 조용히 불빛으로 앉아있는 외등인 것이다.

어쩌면 반야잔등(半夜殘燈 : 밤중에 꺼져가는 등)이나 일수한등(一穗寒燈 : 한 개의 이삭 같은 형상을 한 추운 밤의 등)의 이미지를 담고 있는 것일 수도 있다.

특히 '늘어지는 시간의 존재'를 주목한다면 '늘어진다'는 말의 시적 진가는 '떨어진 잎'이나 외등 그 자체인 '불빛'에 꼭 어울려 빛난다.

'늘어진다'는 말은 물론 팔자 좋은 편안함의 의미도 있지만 이 시에서는 '처지다', '흩어지다', '길어지다', '피곤하다',

'기운이 풀리다'… 등등의 일상적 범주를 벗어난 시간에 대한 에피셋의 용도로 빛나는 것이다. 감정이입을 해놓고 의인화(personification)의 입장에서 살펴보면 외롭지만 역시 운명론의 아름다운 향수를 감수할 수 있을 것이다.

그 밖에도 아름다운 운명론과 연관해서 말할 수 있는 좋은 시편들이 많이 있다.

'가지마다 주문(呪文) 같은 삶의 증거를 매달고' 있는 〈나무〉가 있고, '가느른 혼줄에 / 피어오르는 생명' 으로서의 〈석란〉이 있으며 '등불 하나 걸어두고 / 어둠으로 빠져나간 시간을 찾는' 〈그믐달〉이 있다.

또한 '먹고 사는게 숨찼던 시대 / 휴양이란 게 얼마나 호사였던가' 라고 외치며 허허한 인생사를 되돌아보는 〈모닥불〉이 있고, 미루나무 · 논둑 · 볏가래 · 쟁기 · 보리씨 · 타작 · 바심 · 탈곡 · 화톳불 · 벼거륵 · 짚누리 · 떡시루 · 시루떡… 등 우리네 토속의 정서가 흠뻑 배어있는 시어들이 줄지어 선 〈유년 일기〉등이 있다.

Ⅳ

최송석 시인을 다시 말한다.

그는 평생 시를 써온 우리 문단의 우수 문인으로서 문인들의 권익을 위해서 칼칼하게 말하고 바르게 행동한 선비 시인이다. 특히 본인이 몸담고 관여한 〈한국문학시대〉나 〈호서문학〉에 대한 애정은 지극하고 투철하다. 그러나 뜻대로 다 이룰 수 없는 지원체제나 연륜의 차이에서 오는 인간관계의 소원한 현상에 대해서 불편한 모습을 보여주기도 한다. 한 사람의 일생에서 보는 기쁨이나 즐거움, 환희나 쾌락보다는 아픔과 슬픔, 고통과 고뇌, 불평과 분노 같은 것에 삶이 더 기울어져 있는지도 모른다.

그러나 그는 시작활동을 통해 이렇게 불편한 삶의 요소들을 순리의 영역으로 환치시킨다.

베토벤이 그의 교향곡 제5번 작품 67 「운명」에서 슬픔에 잠겨있는 사람이나 앞날의 광명을 잃은 절망에 찬 사람을 암흑에서 광명으로 인도하는 주제의 명곡을 남겼듯이 최송석 시인은 생활 속의 운명을 시의 주제로 불러들여 그 운명 위에 순리의 세계를 건축하고 그 세계로 독자들을 불러들였다는 생각을 외면할 수 없다.

앞에서 예시로 든 〈노란 무덤〉에서는 무덤 넘어 순리의 세계에 이르는 안정적 깨어남의 세계, 〈저물녘〉에서는 운명 인식의 아름다운 질서, 〈호젓한 날〉에서는 운명을 채색한 석양보다 고운 시심, 〈외등〉에서는 운명론의 아름다운 향수를 주제의식으로 살펴보았다.

평범한 일상의 세계이고 쉽게 접근할 수 있는 누구나의 세계일 듯 하지만 가능의 한계에 들어설 수 있는 사람은 그렇게 흔하지 않을 것이다. 순리를 터득할 수 있는 사람이 운명의 희열을 감지할 것이다.

시인이시여! 오래오래 건강하소서.